detail
for nut band stand
3-1-05
new collar
detail
page 32
additional

Là-haut dans les NUAGES

Traduit de l'anglais par Christophe Mercier

Donna Payne, Designer • Tom Cook, Digital Artist • Suzy Jenvey, Editor

Edition originale : © 2005, Faber and Faber Limited, 3 Queen Square, London WC1N 3AU
ISBN original : 0-571-22501-2

ISBN : 2-259-20318-3

Là-haut dans les NUAGES

Paul McCartney
Geoff Dunbar et Philip Ardagh

Ce livre est dédié à ceux que nous aimons

Wirral l'écureuil est allongé sur sa branche favorite. Il croque des glands qu'il sort d'un sac et écoute sa maman lui raconter une histoire. C'est comme de manger du pop-corn en regardant un bon film. Queue-de-Sucre raconte une des histoires d'Animalia. Ça se passe sur une île tropicale où les animaux vivent sans aucun souci.

Wirral sourit. Ici, ça ne va pas mal non plus : une fraîche brise d'été, une bonne histoire, et le plus croustillant des casse-croûte croustillants. Ce n'est pas comme à Megatropolis. Il jette un regard sur la ville immense et laide à l'horizon, enveloppée de pollution.

Semés sur les branches comme des notes de musique sur une partition, tous les habitants de la Forêt sont assis, captivés par les mots de Queue-de-Sucre. Tous, sauf Oscar le hibou, qui fait ce qu'il sait le mieux faire pendant la journée : ronflotter doucement. Il n'a rien contre Queue-de-Sucre, mais c'est un oiseau de nuit.

Aussi loin que Wirral se souvienne, sa mère est la conteuse de la Forêt. Et aussi loin qu'il se souvienne, les contes qu'il préfère sont ceux d'Animalia. Elle en est au moment où, pour une raison ou pour une autre (ou sans aucune raison), les animaux de l'île s'apprêtent à donner une grande fête, quand Wirral sent que la branche commence à trembler.

Au début c'est juste un tremblement… mais le tremblement se transforme en vibration… et la vibration se transforme en TRÉPPPIDDDATTTTION !

Fixée à sa branche habituelle se trouve une montgolfière, et dans la nacelle d'osier se trouve Froggo la grenouille. Elle vient régulièrement en visite dans la Forêt. Elle arrive et repart au gré de son humeur – et du vent. Elle est verte, sans fourrure et sans queue, mais Wirral la trouve rigolote.

Dès que l'arbre a commencé à trembler, Froggo a mis son ballon en route. Elle le fait flotter au-dessus de la cime des arbres pour voir ce qui se passe. Froggo n'en croit pas ses yeux de grenouille. Elle ôte même ses lunettes, et essuie les deux verres sur un coin de son écharpe avant de les remettre, pour être bien sûre.

Mais la situation paraît toujours aussi grave, et même pire.

— Des bulldozers ! Tout un bataillon ! hurle Froggo.

Ce n'est pas un mensonge.

Puis retentit un vacarme cauchemardesque et destructeur. Ce qui n'est pas écrasé par les énormes pneus des caterpillars est soit poussé, soit écarté, soit déchiqueté par les bulldozers et leurs impitoyables mâchoires de métal. Des tronçonneuses à essence se mettent à crépiter, se frayant un chemin tronc après tronc à travers la Forêt, la coupant, la taillant, l'assassinant.

Les animaux s'enfuient dans toutes les directions. Ils abandonnent leurs maisons et leurs arbres pour essayer désespérément de se sauver. Oscar lui-même est maintenant complètement réveillé, et il a pris son envol.

Wirral se précipite en bas du tronc, comme seul un écureuil peut le faire.

Il regarde derrière lui pour être bien sûr que sa maman le suit.

Elle n'est pas là.

Soudain le vieil arbre énorme se met à tomber… à tomber… et, un instant plus tard, le corps blanc et mou de Queue-de-Sucre est coincé sous une branche cassée. « Non ! Non ! » hurle Wirral. Avec ses petites pattes, il creuse la terre molle et dégage sa mère.

Elle ouvre un œil et réussit à parler.

– Il faut partir loin d'ici, murmure-t-elle.

Pour l'entendre, au milieu du bruit de panique qui les entoure, Wirral doit se pencher tout près d'elle. Il sent son souffle parfumé de noisettes.

– Il faut que tu trouves Animalia. Là-bas tu seras en sécurité… C'est une île qui existe vraiment, Wirral… Elle existe vraiment…

Ces mots qui évoquent ce sanctuaire magique seront les derniers de Queue-de-

Sucre. Wirral allonge doucement son corps sans vie sur un carré de mousse moelleuse.

– Wirral, dépêche-toi ! hurle une voix. Monte. Il faut qu'on parte ! Tout de suite !

Le jeune écureuil se retourne et voit Froggo qui flotte tout près de lui dans sa montgolfière, une échelle de corde pendant de la nacelle jusqu'au sol.

Wirral secoue la tête. Il dit quelque chose, mais le vacarme assourdissant empêche Froggo de l'entendre.

– Pour ta pauvre maman, c'est trop tard ! crie Froggo.

Maintenant, il faut penser à toi !

– J'ai quelque chose à faire d'abord, répond Wirral. Tout seul.

***

Un peu plus tard, Wirral se trouve debout dans les basses eaux d'un petit torrent. De ses deux pattes il tient le radeau que son père a fabriqué avec des brindilles et du lierre. Il a déposé dessus le corps sans vie de Queue-de-Sucre, qu'il a recouvert de toutes les fleurs sauvages qu'il a pu trouver dans ce chaos.

« Au revoir, maman », murmure-t-il avant de laisser filer le radeau dans le courant qui l'emporte rapidement en aval, loin de la terrible catastrophe ravageant ce qui reste de sa bien-aimée Forêt. A distance respectueuse, quelques animaux regardent, bravant le danger des bulldozers et des tronçonneuses.

Wirral ne quitte le torrent des yeux que lorsque le radeau est hors de vue. Froggo se précipite vers lui. Malgré sa jambe de bois, elle se déplace incroyablement vite.

– Maintenant, tu viens avec moi ! supplie-t-elle.

– J'ai besoin de réfléchir, dit Wirral, la tête basse.

On entend un craquement assourdissant, et un arbre

s'abat à quelques centimètres de lui. Il ne semble même pas s'en rendre compte.

Froggo en reste bouche bée. Elle pousse un soupir et fouille dans la poche de son blouson d'aviateur. Elle en sort une petite enveloppe bleue qu'elle glisse dans la patte de Wirral.

– Je comprends, dit-elle. Mais il y a quelque chose que tu *dois* savoir, Wirral. Si un jour tu as besoin de moi, ouvre cette enveloppe, suis les instructions, et j'arrive. D'accord ?

– D'accord, dit Wirral. Merci.

Visiblement, il pense à autre chose. A une seule chose, en fait : essayer de trouver l'île d'Animalia.

***

La Forêt vivant ses derniers moments, et tous ses amis étant partis, Wirral décide d'aller chercher des réponses à la ville. Il fourre rapidement quelques affaires dans son sac à dos, et commence son long voyage. Il n'a pas conscience du temps. Il ne sait pas combien de jours il lui faudra pour arriver à Megatropolis. Deux ? Trois ? Tout ce qu'il sait, c'est que son ancienne vie est terminée, et qu'il a très mal aux pieds.

Lorsque enfin il atteint les faubourgs de la ville, il est très étonné. Quand on la voyait depuis la cime des arbres, Megatropolis semblait faite uniquement de gratte-ciel. Mais maintenant, il a sous les yeux un bidonville de cartons d'emballage et de cageots.

Le mot STYX a été grossièrement peint sur une vieille planche qui sert de panneau. Wirral fronce le museau. Il règne une mauvaise odeur.

Se frayant un chemin à travers les ordures et les cabanes, il voit les habitants du Styx qui le regardent d'un air absent.

Il y a là des animaux de toutes sortes, qui ont tous une chose en commun : ils paraissent affamés, sales et désespérés. Wirral est vraiment soulagé quand il atteint une route et aperçoit, un peu plus loin, de vraies maisons de brique.

« VRRROOUUMMM ! »

Une énorme automobile fonce sur lui dans un bruit de tonnerre.

Le petit écureuil se voit déjà projeté en l'air quand, au dernier instant, une solide paire de pattes le tire en arrière. Sauvé !

***

– Merci de m'avoir sauvé la vie, bredouille Wirral, qui se relève péniblement et époussette sa fourrure, la bouche pleine de la fumée de la voiture. Mon nom, c'est William l'Écureuil, mais mes amis m'appellent Wirral.

– Salut, Wirral ! dit la créature – un jeune rat – qui vient incontestablement de lui sauver la vie. Je m'appelle Ratsy. Tu as peut-être entendu parler de mon père, Papa Ratsy ?

Il fait un grand sourire, puis ajoute : « Le photographe. »

Wirral secoue la tête.

– Non. Désolé. Je ne suis pas d'ici.

– Ça ne fait rien, le rassure Ratsy. D'ailleurs, je m'en serais douté, vu ton sens de la circulation !

– Mon quoi ?

– Ton sens de la circulation. Tu n'en as aucun.

Ratsy penche la tête en arrière et renifle.

– Tu veux visiter la ville avec quelqu'un qui a du flair ? propose-t-il.

– Tu ferais ça pour moi ?

– Bien sûr, répond Ratsy avec un nouveau sourire de rat. Les écureuils, ce sont bien les rats des arbres, non ? Tu es un peu mon cousin des champs. On est presque de la même famille !

Il ôte sa casquette de base-ball et l'enfonce sur la tête de Wirral. Puis il lui donne une tape dans le dos, manquant de l'envoyer valdinguer au milieu de la circulation. Malgré tout ce qui lui est arrivé, Wirral sourit pour la première fois depuis plusieurs jours. Peut-être qu'après tout Megatropolis ne sera pas aussi catastrophique que ça, se dit-il. Pas avec un ami comme Ratsy pour l'accompagner.

Qui vivra verra.

***

Apparemment, Ratsy a du travail à faire, mais il s'arrange pour donner rendez-vous à Wirral quelques heures plus tard.

– Quand tu entendras le bruit de la sirène de l'usine, ce soir, rejoins-moi au Chow Down, propose-t-il.

– Comment est-ce que j'entendrai la sirène de l'usine… Comment je la reconnaîtrai ? Et où se trouve le Chow Down ? demande Wirral.

Ratsy a un autre de ses grands sourires aux dents bien aiguisées.

– Ne t'inquiète pas, tu entendras la sirène, et tu la reconnaîtras ! Pour le Chow Down, c'est le bâtiment en forme de grand bol, là-bas, ajoute-t-il en montrant quelque chose, au loin.

Puis Wirral a à peine le temps de le voir disparaître dans une allée, en disant « A plus tard ! »

– Hé, au revoir ! crie Wirral dans son dos. Ne sachant pas exactement le temps qui lui reste avant de retrouver Ratsy, – enfin, si celui-ci vient au rendez-vous –, Wirral décide d'explorer la ville, sans perdre le Chow Down de vue.

Au bout d'un moment, il aperçoit quelque chose qui est très rare à Megatropolis : un arbre ! Et, comme les écureuils et les arbres vont ensemble comme les chiens et les lampadaires (ou les hippopotames et les mares boueuses), Wirral se dirige vers lui. C'est en passant le coin de la rue qu'il voit pour la première fois Wilhamina. C'est une magnifique jeune écureuil rousse, qu'un couple de blaireaux embête.

– Je vous répète de me laisser tranquille ! dit Wilhamina.

Elle est courageuse, mais sa voix tremble légèrement.

– Sinon quoi ? grogne le plus gros des blaireaux. Tu nous chatouilleras avec ta grosse queue touffue ?

— Ooooh ! Qu'est-ce que j'ai la trouille ! se moque l'autre.

Wirral doit intervenir… mais que peut faire un deuxième écureuil contre deux blaireaux à l'air méchant ? Tout le monde sait qu'ils sont très costauds ! Il se précipite sur le tronc de l'arbre derrière eux, et s'enfonce dans les branches.

– Laissez cette petite tranquille, hurle-t-il en essayant de prendre une voix aussi grave et menaçante que possible.

– Sinon quoi ? répète le gros blaireau.

En guise de réponse, Wirral laisse tomber son sac à dos entre les branches, pile sur le crâne du voyou.

– Sinon on va tous descendre, et on vous aura ! hurle-t-il.

Se frottant la tête, le blaireau lève sur les feuilles un regard légèrement hébété, essayant de voir combien d'écureuils se trouvent vraiment dans l'arbre, tandis que Wilhamina en profite pour l'escalader à son tour.

– Maintenant, tirez-vous, ordonne Wirral.

S'emparant du sac à dos, les blaireaux, qui craignent l'attaque de toute une armée d'écureuils, lui obéissent ! Là-haut dans l'épais feuillage, Wilhamina se tourne vers Wirral.

– Merci d'être venu à mon secours. Je m'en serais sortie toute seule, mais tu as accéléré les choses… Et je suis désolée que tu aies perdu tes affaires.

– Ce n'est pas grave, répond Wirral. Ça fait plaisir de parler à un autre écureuil. (Ils se présentent.) Megatropolis me semble un endroit horrible, poursuit-il. Je ne suis là que depuis quelques heures, mais j'ai déjà failli me faire écraser, et maintenant, ça !

– Tu n'as encore rien vu, dit Wilhamina.

Elle trottine jusqu'au bout de la branche, et lui montre une lucarne sur le toit d'un énorme bâtiment qui s'étend en dessous d'eux.

A travers la vitre, Wirral aperçoit une immense usine, remplie d'animaux en train de travailler. Tous ont le même air désespéré que ceux qu'il a vus dans le Styx. Sur un rebord, très au-dessus du sol de l'usine, se dresse le rat le plus grand et le plus gras qu'ait jamais vu Wirral. Les boutons de

sa veste sont prêts à sauter.

— Ce rat, c'est Wackford, le bras droit du patron, explique Wilhamina. Contremaître de toutes les usines. C'est Monsieur-Je-Fais-Tout. A cet instant, Wackford fait claquer un fouet d'apparence diabolique.

– Au travail, bande de fainéants, aboie-t-il. Il y a des commandes à respecter ! Des cibles de productivité à atteindre !

C'est alors que Wirral aperçoit sur le mur de l'usine un énorme G qui a quelque chose d'effrayant et de familier à la fois.

– C'est un travail d'esclaves, explique Wilhamina. Les animaux pauvres du Styx travaillent pour rendre encore plus riches les habitants de la ville. Les plus pauvres d'entre eux ne quittent même jamais l'usine. Ils sont prisonniers.

– Si seulement on pouvait emmener tout le monde à Animalia, murmure Wirral, qui sent la rage gronder en lui.

– Tu as entendu parler de l'île ? demande Wilhamina, étonnée. J'ai un ami qui a entendu des histoires à propos…

A cet instant résonne un terrible CRACCC… Froggo vient de s'écraser sur l'arbre avec sa montgolfière !

— Bonjour ! Bonjour ! sourit la grenouille. Désolée d'arriver en retard !

— En retard ? Mais je ne savais même pas que tu devais venir !

– Je parlais à Wilhamina ! répond sa copine amphibienne, dont le visage s'éclaire d'un nouveau sourire édenté. Wirral ! C'est toi ! Avec cette casquette, je ne te reconnaissais pas ! Ça fait vraiment plaisir de te revoir si vite !

– Tu connais Froggo ? demande Wirral à Wilhamina à l'instant précis où elle lui pose la même question.

Puis Wilhamina raconte à Froggo comment Wirral l'a sauvée des blaireaux.

– On n'est pas vraiment en sécurité dans cette partie de la ville, dit Froggo. C'est pour ça que je vais reconduire la jeune Wilhamina chez elle.

– Pourquoi ne viendriez-vous pas avec moi au Chow Down pour faire connaissance avec Ratsy ? propose Wirral, tout excité.

– Quand ? demande Wilhamina.

– Quand retentira la sirène du soir, explique Wirral. Je ne sais pas quand…

Ses mots sont noyés par un fracas si assourdissant qu'il projette la montgolfière contre les branches, et hérisse la fourrure de Wirral et de Wilhamina, comme s'ils se trouvaient sous un sèche-cheveux géant. Dire que ce fracas est assourdissant, c'est comme de dire que le Grand Canyon est « une petite crevasse dans le sol ».

Quand le fracas s'arrête enfin, les oreilles de Wirral résonnent, et il t-t-t-t-tremble.

– C-C-C-C-C-C'est la s-s-sirène du s-s-s-s-s-soir ?

– Ouuaaais, répond Wilhamina.

– C-c-c'était s-s-sûrement ç-ç-ç-ça, acquiesce Froggo.

Maintenant, dans toutes les usines de la v-v-v-ville, l'équipe de nuit va se mettre au travail.

***

Froggo les amène au Chow Down. Wirral n'a jamais vu autant d'animaux réunis dans un lieu aussi exigu. Il est habitué aux vastes espaces de la Forêt… qui, évidemment, n'existe plus.

Ratsy, pourtant, semble parfaitement à l'aise.

– Salut, dit-il en entrant. Je vois que tu nous as déniché une bonne table. Eh bien, bon appétit !

Les plats arrivent, et ils discutent. Ratsy leur raconte sa vie.

– Je travaille pour la personne la plus puissante de Megatropolis, affirme-t-il avec fierté. Elle s'appelle Gretsch. Si vous n'avez pas encore entendu parler d'elle, vous en

entendrez parler bientôt. Elle possède toutes les usines de la région.

– En fait, on peut dire qu'elle dirige la ville, ajoute Wilhamina.

Wirral pense au G sur les bulldozers et dans l'usine. « G pour Gretsch ? » se demande-t-il. C'est plus que probable.

– Ça ne te gêne pas de travailler pour quelqu'un qui traite aussi mal les autres animaux ? demande-t-il.

Le jeune rat hausse les épaules.

– C'est comme ça, c'est tout. Il y a des riches et des pauvres. Des gens libres et des esclaves. Ça a toujours été comme ça.

– Pas partout, remarque Wirral. Dans la Forêt nous étions libres… jusqu'à maintenant. (Il se tait un instant.) Mais à Animalia, tous les animaux sont libres, égaux et en sécurité.

– Où ? interroge Rasty.

Et Wirral lui parle de cette île étonnante.

– Waou ! dit Ratsy quand il a terminé. Ça a l'air d'un endroit cool, mais tu es sûr que ça existe vraiment ?

– Oui, ça existe vraiment, affirme Wirral qui se rappelle les dernières paroles de sa mère.

– Vous voulez voir où habite Gretsch ? demande Ratsy quand ils ont fini leur repas. (C'est lui qui les invite.) C'est un appartement super, et je connais un passage secret pour y entrer.

– Et si on visitait plutôt une des usines ? suggère Wirral, à qui vient une idée. Il envisage déjà une évasion géante !

Ratsy secoue la tête.

– Impossible. Toutes les serrures de toutes les portes de toutes les usines sont contrôlées par ordinateur, et Gretsch est la seule à connaître le mot de passe.

– Alors, allons voir son appartement, dit Wirral.

Dans l'ombre guette un indiscret : un gros rat très effrayant, qui éclate dans son manteau. Il sourit. « Animalia, hein ? Comme c'est intéressant ! »

Ratsy conduit les deux jeunes écureuils à travers un dédale d'anciennes voies ferrées sous la ville. On entend constamment le plic-ploc des gouttes, l'atmosphère est humide et froide, et, souvent, les murs sont très visqueux. Au bout d'un moment ils arrivent à une rivière souterraine.

– C'est ici qu'on traverse, dit Ratsy, dont la voix résonne.

– Comment on fait ? demande Wirral. Sur des échasses ?

– Gladys ! sourit Ratsy.

– C'est quoi, un gladys ? demande Wilhamina.

– Gladys n'est pas une QUOI, c'est une QUI, explique Ratsy.

Il émet un sifflement perçant, et la tête d'un énorme crocodile apparaît à la surface de l'eau. Les écureuils, surpris, reculent. Madame Croco sourit. Elle a perdu toutes ses dents.

– Oh, salut…, dit-elle.

Puis elle hésite. Ratsy vient à son secours.

– Ratsy.

– Ah, oui, Ratsy, c'est vrai, acquiesce Gladys. Excuse-moi, mais ma vue n'est plus ce qu'elle était, et pour moi tous les rats d'égout se ressemblent.

– Nous pensions que vous pourriez nous faire traverser la

rivière, Gladys, explique Ratsy qui ne fait pas de commentaire sur le « rat d'égout », même si – malgré la pénombre – Wirral se rend bien compte qu'il n'a pas apprécié !

– Ravie de vous rendre service ! dit le croco. En voiture, s'il vous plaît.

Son long museau est comme une passerelle pivotante. Ils montent dessus d'un côté de la rivière, elle tourne la tête, et ils débarquent sur l'autre berge.

– Merci, crie Wirral. Merci beaucoup !

– Je vous en prie, répond Gladys, rayonnante. Je suis contente d'avoir un peu de compagnie. Je suis chanteuse d'opéra, vous savez ! Ici, l'acoustique est formidable. Revenez quand vous voulez !

Puis elle se lance dans une chanson : « Revenez, mes amis rongeurs ! Dans les tuyaux et la moiteur !.. C'est moi qui écris tous mes morceaux, vous savez ! »

***

Enfin, Wirral, Wilhamina et Ratsy atteignent une énorme canalisation, pleine de tuyaux aux couleurs vives qui s'élèvent au-dessus de leur tête, semblables à des colonnes multicolores, certains décorés de pois, d'autres de rayures comme des enseignes de coiffeur.

– Ça mène chez Gretsch, annonce Ratsy. Même sa plomberie est classe ! ajoute-t-il avec une touche de fierté. Des vrais trucs branchés !

– Et maintenant ? demande Wilhamina.

– Il faut monter, c'est le seul chemin, sourit le rat.

– Pas de problème ! dit Wirral.

C'est un écureuil, n'est-ce pas ? Et s'il y a une chose à quoi les écureuils sont particulièrement bons, c'est l'escalade. Wilhamina et lui bondissent avec agilité de tuyau en tuyau, avant même que Ratsy ait eu le temps d'escalader les premiers.

Les deux jeunes écureuils arrivent à une grille qui se déplace facilement. (Ratsy était déjà souvent passé par là, on s'en souvient.) Ils avancent sur la pointe des pieds sur une épaisse moquette, et comprennent qu'ils sont dans une chambre. Là, sur un énorme lit de bois, appuyée sur une pile d'oreillers, est assise une sorte de – qu'est-ce que c'est, exactement ? – une sorte de guenon sans poils portant une énorme perruque blonde. Elle parle – en fait elle crie – au téléphone. Ça doit être la puissante Gretsch.

« Elle ne me paraît pas très distinguée », pense Wirral.

– Ils ont dit quoi ? demande Gretsch. Animalia ? Hum… Hum… Enfin, si elle existe, il faut qu'on la trouve, Wackford, aboie-t-elle dans l'appareil, et sa perruque tressaute à chaque syllabe qu'elle crie.

Wirral blêmit. Elle a entendu parler de l'île ! Mais comment ? Quand Gretsch reprend la parole, il comprend tout.

– Qu'est-ce que ce jeune écureuil a dit d'autre à propos de cet endroit ?

A l'autre bout du fil, Wackford lui répond. Gretsch écoute, puis donne des ordres :

– On va trouver Animalia et on va détruire Animalia, déclare-t-elle. On ne peut pas laisser se répandre des histoires sur une île paradisiaque dans les Tropiques. Il faut éliminer tous les symboles d'espoir…

Wirral est stupéfait. Il est à Megatropolis depuis moins d'un jour, et il a déjà mis en danger Animalia et ses habitants. Ce n'est pas comme ça que ça devait se passer !

Au moment où Wilhamina et lui rampent le long du pied

de lit, qui est très laid, Gretsch les aperçoit.

– Tiens, tiens, qui voilà ? gronde-t-elle.

Et, avec une agilité effrayante, elle saute par terre.

– Wackford m'avait bien dit que j'aurais une visite inattendue, crie-t-elle en les poursuivant. Où est votre ami

Ratsy, ce traître de petit rat ?!

Elle essaie d'attraper les deux écureuils et – enfer et damnation ! – réussit à saisir Wilhamina dans ses pattes qui font comme des pinces. Sa perruque bascule de travers.

– J'T'AI EUE ! gronde-t-elle, triomphante.

Wirral fait demi-tour et commence à se précipiter à l'aide de son amie captive. Tout tourne mal, très mal !

– Non ! hurle Wilhamina. Trouve Animalia ! Préviens les animaux !

– Mais…

– VAS-Y ! insiste Wilhamina.

– Je… Je vais revenir, crie Wirral.

Au fond de lui, il sait bien qu'il est sans défense contre une créature comme Gretsch. Il plonge dans l'ouverture de la grille, et redégringole le long des tuyaux multicolores. Aucune trace de Ratsy, et pourtant Wirral a besoin d'aide pour sauver Wilhamina et trouver l'île. Heureusement, il connaît un animal qui peut l'aider : Froggo ! Elle a même son propre véhicule.

Courant à travers l'interminable labyrinthe de tunnels, Wirral fonce vers une tache de lumière et, par chance, trouve une autre sortie. Revenu à l'air libre, il plonge la main dans sa poche et en sort la petite enveloppe bleue que Froggo lui a donnée dans la Forêt. Elle est un peu froissée, mais peu importe. Il l'ouvre. A l'intérieur, il y a un petit carton bleu, sur lequel est écrit : « Mettre le feu au carton bleu, puis s'écarter. »

Wirral fronce les sourcils. Se rappelant une démonstration impressionnante que Froggo avait faite dans la Forêt, une année, il se souvient que c'est ce qu'il y a d'écrit sur les feux d'artifice. C'est bizarre. Le jeune écureuil, à l'aide d'une boîte d'allumettes du Chow Down, met le feu au carton.

Le carton monte en flèche dans le ciel, et explose en un stupéfiant feu d'artifice, avec des averses d'étincelles, de « bang », de flammes et de paillettes – qui s'achève lorsque

tout l'espace est occupé par le mot FROGGO. Puis le nom dégringole, lettre par lettre, comme de la poudre magique.

Wirral est pour le moins songeur.

– Waou ! C'est incroyable... Et maintenant ?

Cinq minutes ne se sont pas écoulées lorsque Wirral aperçoit une minuscule tache dans le ciel. Elle devient de plus en plus grosse au fur et à mesure qu'elle se rapproche. C'est la montgolfière de Froggo, et elle arrive par iciiiiiiiiiiiiiiiiiiiiiiii !

– ATTENTION ! hurle Wirral au moment où la grosse nacelle d'osier touche terre avec un bruit sourd, manquant Wirral d'un poil de moustache d'écureuil (si les écureuils ont des moustaches).

Sans perdre de temps, Wirral monte à bord, et apprend à l'aviatrice amphibie la capture de Wilhamina. Il lui dit qu'il a besoin d'elle pour trouver Animalia.

– Il faut qu'on sauve Wilhamina, et qu'on prévienne les habitants de l'île des projets de Gretsch, dit Wirral. C'est ma faute si elle a appris son existence !

– Non, il faut *d'abord* qu'on prévienne les habitants de

l'île, et qu'ensuite on les enrôle pour sauver Wilhamina et tous les animaux esclaves. C'est comme ça qu'il faut faire, décide Froggo. Où se trouve-t-elle, exactement ?

– Où se trouve quoi ?

– Animalia.

– Je ne sais pas, avoue Wirral.

– Ta maman ne t'a jamais dit comment y aller ?

– Non.

– Oh, dit Froggo, l'air aussi déconfit qu'une grenouille peut avoir l'air déconfit. Tant pis. Le truc avec les îles, c'est qu'elles sont entourées d'eau. Alors on va commencer par explorer les sept mers.

– Toutes les sept ? soupire Wirral. Par laquelle on commence ?

Froggo fait son sourire de grenouille.

– On va laisser le ballon décider.

***

Le temps passe. Les vents changent. Le ciel bleu devient sombre et menaçant. Wirral et Froggo se trouvent en pleine tempête. Au-dessous d'eux, les vagues mugissent. Au-dessus de leur tête, c'est le tonnerre. Un éclair effleure le bord de la nacelle.

– Il n'est pas passé loin, hurle Froggo, qui a l'air d'adorer ça.

Wirral, lui, réussit à avoir à la fois le mal de mer et le mal de l'air, et sa fourrure grise est complètement trempée…

Là-bas, à Megatropolis, Wilhamina se trouve dans l'une

des usines de Gretsch. Pour être plus précis, elle se trouve dans une cage dans le sous-sol de l'une des usines. C'est un peu comme un cachot. C'est là que les travailleurs de jour sont enfermés la nuit pour quelques maigres heures de sommeil. Le jour pénètre par une minuscule fenêtre sans carreaux, munie de barreaux, très haut dans le mur, derrière Wilhamina. Elle regarde des gouttes de pluie couler lentement le long des briques, priant pour que Wirral arrive à temps afin de prévenir les animaux d'Animalia.

– Dépêche-toi de revenir, murmure-t-elle en frissonnant.

***

Après deux jours et deux nuits, la tempête se calme et les blancs nuages semblables à du coton s'écartent sous la nacelle de Froggo, dévoilant une magnifique île tropicale qui scintille dans la mer éblouissante.

D'énormes baleines bleues font des bonds sur l'océan, comme pour accueillir les voyageurs.

– Est-ce que c-c-c-c'est…, bredouille Wirral.

– On le dirait bien, acquiesce Froggo.

– Mais comment tu… ?

– Une chance fortuite, suggère Froggo.

– Une chance quoi ?

– Fortuite, complète Froggo.

– C'est plutôt de la magie, dit Wirral, émerveillé.

Après quelques manœuvres compliquées, le ballon finit par se poser sur le sable doré chauffé par le soleil. Wirral et Froggo ont été repérés, et un comité d'accueil s'est présenté pour accueillir les nouveaux arrivants, en la personne d'une seule silhouette à longs poils qui les domine de toute sa hauteur.

– Bienvenue sur notre île, dit l'animal tiré à quatre épingles, d'une voix profonde et chaude comme du chocolat, avec une touche de jubilation. Je suis le Chef Bison.

– Moi, c'est Wirral, et voici Froggo, dit l'écureuil, pressé d'en terminer avec les présentations. On est venus vous avertir…

– Bienvenue, Wirral. Bienvenue, Froggy, dit le chef en ôtant son chapeau avec une révérence.

– En fait, c'est Frogg*o*, marmonne Froggo. Mais déjà Wirral explique avec insistance pourquoi ils sont venus, et prévient le chef du danger que représente Gretsch.

– Vous devez vous préparer à vous défendre ! termine-t-il.

Wirral ne sait pas à quelle réaction il s'attendait, mais sûrement pas à celle-là. Le Chef Bison émet un grondement de rire.

– Ici, on est en sécurité, affirme-t-il. Notre île a toujours été libre.

Froggo et Wirral font de leur mieux pour le convaincre du contraire. Ils font des bonds, ils agitent les pattes, et ils donnent des détails sur la diabolique Gretsch et ses horribles usines. Un froncement de sourcils altère les beaux traits distingués du Chef Bison. Il passe ses bras imposants sur les épaules de Wirral et de Froggo, et les mène du côté des verts sous-bois luxuriants.

– Il faut qu'on réunisse le conseil, annonce-t-il gravement.

La réunion se tient dans une clairière, et tous les animaux, petits et grands, y assistent. Le moindre habitant de l'île, depuis le plus gros des éléphants jusqu'au plus petit des scarabées, a le droit de prendre la parole. Le Chef Bison annonce l'ordre du jour, puis se tourne vers Wirral.

– S'il te plaît, raconte maintenant à tout le monde ce que tu m'as dit de la guenon sans poils et de ses ignobles projets, tonne-t-il.

Une fois que Wirral a terminé

sa triste histoire, il y a beaucoup de couinements, de hurlements, de grognements, et un tapage général de toute l'assemblée. Finalement, après beaucoup de discussions, on conclut que la menace est réelle, et qu'Animalia doit être défendue à tout prix.

– Après quoi nous délivrerons nos frères et sœurs captifs de Megatropolis, proclame le Chef Bison. Froggy va retourner en ville, et répandre la nouvelle.

– En fait, c'est Froggo, dit la grenouille. Froggo. Un diminutif pour Frogmorton. F-r-o-…

– Et elle va avoir besoin d'une carte, l'interrompt Wirral. On n'a aucune idée de la façon dont on est arrivés ici !

– Chaque chose en son temps, dit le Chef Bison. Mais nous devons commencer par célébrer votre arrivée. Deux hôtes d'honneur qui ont risqué leur vie et leurs membres – il regarde la jambe de bois de Froggo – pour venir nous prévenir.

Pour tout dire, Wirral et Froggo auraient préféré que les préparatifs de défense de l'île commencent immédiatement, mais le Chef Bison ne veut pas en entendre parler. Il tient à respecter les traditions de l'île.

– Et l'arrivée d'hôtes exige ce que nous appelons un « hourra tropical », explique-t-il, rayonnant.

Le hourra est une célébration musicale, et ce hourra-là se prolonge tard dans la nuit. Wirral s'éloigne du cœur de la fête et s'assied au bord de l'océan. Il regarde le magnifique ciel d'encre au-dessus de lui, illuminé par des étoiles scintillantes, et voit qu'il se reflète sur les étoiles de mer argentées qui nagent joyeusement dans l'océan. Si

seulement Queue-de-Sucre avait vécu assez longtemps pour voir ça… Et si seulement Wilhamina était là pour partager cet instant avec lui.

***

Le temps passe. A Megatropolis, dans le cachot au sous-sol de l'une des usines de Gretsch, au fond de sa cage, Wilhamina examine les barreaux de sa prison. Au-delà, elle aperçoit un gros trousseau de clefs suspendu à côté des écrans de télévision du poste de garde.

– Le problème, c'est qu'il faut que je sorte de la cage pour pouvoir prendre les clefs pour me faire sortir de la cage ! soupire Wilhamina.

Soudain, sa queue la démange très fort, et elle s'apprête à la gratter d'un bon coup de patte quand une toute petite voix hurle : « ATTENTION OÙ VOUS POSEZ LA PATTE. JE SUIS UNE PUCE DE CIRQUE À LA RECHERCHE D'UNE BONNE FOURRURE CHAUDE ET SÈCHE POUR PASSER CETTE NUIT FROIDE ET HUMIDE. » La puce fait un bon en avant :

– JE M'APPELLE ALFREDO, ajoute-t-elle.

– Tu es très costaud, pour une puce, dit Wilhamina, étonnée.

– Je fais de la musculation, dit Alfredo, modeste, en gonflant ses muscles.

Wilhamina se présente, et raconte à Alfredo comment elle a fini dans cette cage. Comme n'importe quel habitant de Megatropolis, Alfredo semble avoir, lui aussi, mille et une bonnes raisons de détester Gretsch. Il fait un bond vers le poste de garde, et essaie de soulever les clefs… mais c'est un

gros trousseau, et Alfredo n'est qu'une petite puce. Pas de chance. « Désolé », dit-il, épuisé après tous ces efforts inutiles. A cet instant, un visage très vert et très amical apparaît à la petite ouverture grillagée, tout là-haut sur le mur.

– Froggo ! s'écrie Wilhamina.

– Je pensais bien te trouver ici, sourit Froggo en s'accrochant aux barreaux pour stabiliser son ballon. Je crois qu'il

est temps que je te délivre. On a prévenu les animaux d'Animalia, et…

– ET DÉPÊCHEZ-VOUS !!! couine Alfredo.

– Qui est-ce qui a parlé ? demande Froggo, surpris, se demandant si l'écureuil a un compagnon invisible.

– Je n'ai pas le temps de t'expliquer, dit Wilhamina.

Elle montre le trousseau de clefs.

– Une de ces clefs ouvre ça, ajoute-t-elle en secouant le cadenas de sa cage.

– Pas de problème, dit Froggo. Il prend l'une des cordes de guidage suspendues à la nacelle de son ballon, se penche à travers les barreaux et, d'un coup – ou de deux –, il a pris au lasso le trousseau et l'a poussé vers Wilhamina, qui essaie frénétiquement chaque clef dans la serrure.

– VITE !!! couine Alfredo, d'une voix encore plus pressante, car il voit, sur les écrans de surveillance, s'approcher Gretsch et Wackford. GRETSCH ET WACKFORD ARRIVENT !

Bingo ! La quatrième clef est la bonne ! Elle tourne dans la serrure, et Wilhamina bondit hors de sa cage. Elle est libre !

– Par ici ! la précipite Froggo. L'écureuil remonte

péniblement la corde qui pend encore par la petite lucarne.

– Et si on délivrait ceux de l'usine ? souffle Wilhamina.

– ALLEZ-Y, dit Alfredo. LAISSEZ FAIRE LA PUCE ! J'ESSAIERAI DE LES DÉLIVRER !

Froggo sourit dans sa barbe.

– Oh, c'est une *puce*… Pas étonnant que d'ici je ne puisse pas la voir !

– JE M'Y CONNAIS EN ORDINATEURS, crie Alfredo. JE VAIS ESSAYER DE TROUVER LE MOT DE PASSE POUR OUVRIR TOUTES LES PORTES !

Gretsch et Wackford font irruption dans la salle à l'instant où Wilhamina franchit la lucarne et tombe dans la nacelle de la montgolfière de Froggo.

– Vite ! Ils s'échappent, hurle Gretsch.

Elle frissonne de rage, sa perruque tremblote comme un énorme gâteau à la gelée.

Wackford se contente de sourire, sort vivement un objet extraordinaire – moitié fusil, moitié catapulte – et fait feu sur la montgolfière.

– Raté, crie Froggo, tandis que le ballon s'envole.

– Pas vraiment, ricane Wackford en se tournant vers Gretsch. Ils ne s'en apercevront jamais, ajoute-t-il.

Mais ce que le rat diabolique et Gretsch, sa maîtresse plus diabolique encore, ne savent pas, c'est qu'une puce très intelligente est tranquillement assise sur le clavier de l'ordinateur. Tandis que Froggo et Wilhamina s'éloignent à travers les nuages en direction d'Animalia, riant de leur évasion dramatique, soulagés et triomphants, Gretsch et Wackford se précipitent dans plusieurs corridors, passent plusieurs portails très bien gardés, et arrivent à une énorme porte métallique à rivets.

Gretsch compose un code, et la porte s'ouvre, révélant son navire de guerre ultraperfectionné fabriqué sur

commande. Ils montent péniblement à bord, et bientôt ils sont assis sur le pont. Wackford pianote sur quelques boutons, et une carte de l'océan apparaît sur un écran. Il y a une tache de lumière qui clignote.

– Ils sont là, ricane le plus rat des rats. Maintenant, on n'a plus qu'à les suivre.

Dans le sous-sol, ce n'était ni Wilhamina ni Froggo qu'il visait, mais la montgolfière de Froggo. Et ce n'est pas une balle qu'il a tirée, mais un objet de surveillance électronique maintenant fermement fixé à la base de la nacelle d'osier, que Gretsch pourra ainsi suivre jusqu'à Animalia.

– La victoire est à portée de main, glousse-t-elle, sa perruque tremblotant à nouveau, d'excitation cette fois.

Alfredo, pendant ce temps, travaille dur sur le clavier de l'ordinateur, essayant de trouver le mot de passe de Gretsch. Il saute de touche en touche, grognant sous l'effort et murmurant « Mon-Dieu-Mon-Dieu-Mon-Dieu » chaque fois qu'il presse « Entrée » et que les mots…

ACCÈS REFUSÉ

… apparaissent sur l'écran comme pour le narguer. Mais il n'est pas prêt à renoncer.

***

Avec la carte que le Chef Bison lui a donnée et sa connaissance remarquable des courants aériens, des souffles, et de tout ce qui concerne l'aéronautique, il faut moins d'une heure à Froggo pour ramener son ballon à Animalia.

Le premier à remarquer une petite tache au loin, c'est Rumpus, le singe de garde au sommet d'un palmier.

– Du monde ! Il arrive du monde ! caquette-t-il.

– Ami ou ennemi ? demande le Chef Bison, réveillé en plein milieu de sa sieste. Il enfile sa veste.

– Je ne sais pas ! Je ne sais pas ! jacasse Rumpus.

– Amis ! dit Coco, un perroquet multicolore qui descend en piqué pour se poser sur l'épaule du chef. C'est Froggo, et il y a un écureuil roux avec elle !

– Ça doit être Wilhamina ! s'écrie Wirral, tout excité.

Les habitants de l'île font cercle autour du ballon dès qu'il a touché le sol.

Le Chef Bison a un rire rauque :

– Mission accomplie, à ce que je vois ! Bravo, Froggy !

– En fait, je m'appelle Frogg*o*, avec un « o », dit la

grenouille en descendant de la nacelle.

Mais ses mots sont noyés sous les acclamations des autres animaux qui hissent le héros revenu sur les épaules du chef.

Wilhamina prend Wirral dans ses bras, et lui donne le plus gros baiser de sa vie quand… CRAC ! Il y a une explosion. On fait feu sur l'île !

BOUM ! Des obus de mortier explosent tout autour d'eux ! CRASH ! Les animaux se dispersent dans toutes les directions. Un palmier est fendu en deux, et s'écrase sur le sol. Le navire de Gretsch annonce son arrivée.

– Tous aux fortifications ! ordonne le Chef Bison.

Mais on s'aperçoit alors que les fortifications de l'île seront bien faibles. Animalia n'a jamais connu que la paix. Apparemment, les animaux ne connaissent rien à la guerre.

Une seule barricade fait le tour de l'île, constituée de caisses, de charrettes (certaines contiennent encore des fruits), de bois flotté, d'un peu de clôture, et même d'une vieille essoreuse rescapée du naufrage d'un cargo en 1896.

Et les armes ? Des manches à balai, des branches, des casseroles, des louches et des tas de noix de coco. Rumpus, enragé, en lance quelques-unes en direction du bateau. Elles ratent toutes leur cible – trop court – et atterrissent lourdement, inutiles, sur le sable humide de la plage.

Un bébé hippopotame – il s'appelle Crassouillou – a réussi à trouver une paire de gants de boxe, et donne des coups de poing dans l'air, grognant sous l'effort à chaque crochet du gauche.

Les seuls animaux vraiment protégés sont le tatou, avec ses écailles, et une très vieille tortue avec sa carapace, mais ça ne suffit pas contre les balles et les mortiers.

Pourtant tous les animaux restent unis pour défendre leur île et la liberté qu'elle représente. Wirral et Wilhamina se précipitent pour rejoindre cette courageuse armée hétéroclite, et brandissent le drapeau d'Animalia.

– LIBERTÉ ! hurlent les habitants de l'île, en agitant leurs armes de fortune.

Une voix fend l'espace, un beuglement qui sort des haut-parleurs de la canonnière : « SI VOUS VOUS RENDEZ, JE VOUS ÉPARGNERAI ET VOUS TRAVAILLEREZ DANS MES USINES. » Wirral reconnaît immédiatement la voix de Gretsch. « SI VOUS RÉSISTEZ, JE NE FERAI PAS DE QUARTIER ! »

A bord, Wackford fait ce qu'il sait le mieux faire : il donne des ordres. « Recharge les canons », glapit-il. Et quel est l'unique membre de l'équipage ? Qui est en train de chanceler sous le poids d'un monstrueux obus ? Ce n'est autre que Ratsy, le premier soi-disant ami de Wirral à son arrivée à Megatropolis !

– Voilà, cap'taine ! dit-il en chargeant l'énorme canon.

Bientôt on entend une nouvelle rafale mortelle, qui touche la barricade, mais, heureusement, aucun des animaux. Les habitants de l'île, rapidement, se précipitent pour colmater les brèches, les oiseaux remettant des morceaux en place avec leur bec, mais ça ne sert pas à grand-chose. Si jamais l'expression « mener une bataille perdue » a eu un sens, c'est bien ici !

Mais ça va changer. Soudain, le navire commence à tanguer, s'inclinant d'abord sur un bord, puis sur l'autre. Wackford perd l'équilibre, et tombe sur le pont avec un bruit sourd. Gretsch est projetée contre une paroi – le visage écrasé contre un hublot –, mais réussit à rester droite. On ne peut pas en dire autant de sa perruque, qui maintenant ressemble à la tour de Pise.

– Que se passe-t-il ? hurle-t-elle.

Ce qui se passe, c'est que Gretsch ne s'est pas préoccupée des défenses maritimes d'Animalia. Elle pensait tellement à détruire l'île qu'elle ne s'est pas dit que la vraie menace viendrait peut-être de la mer. A cet instant, une petite

flottille de baleines fait surface. Les baleines sont superbes, pacifiques, élégantes, mais elles sont aussi extrêmement GROSSES. Elles nagent autour du navire, le faisant danser sur l'eau comme un canard en plastique dans une baignoire.

Du ballon piloté par Froggo, le Chef Bison lance un immense filet sur le bateau. (La dernière fois que Wirral a vu ce filet, il était tendu entre deux arbres, couvert de ballons, et servait de toit à l'orchestre pendant le hourra tropical.)

Les baleines attrapent dans leur gueule le bord du filet,

retenant le navire comme une mouche dans une toile d'araignée. Sur la barricade, au bord de la plage, les animaux poussent un énorme « HOURRA ! ».

– Rendez-vous, meugle le Chef Bison à travers un mégaphone improvisé.

Gretsch apparaît sur le pont et regarde le chef à travers les mailles du filet.

– Sinon quoi ? se moque-t-elle.

Le filet toujours bien coincé dans leurs gueules, les baleines font demi-tour et s'éloignent du bateau, chacune dans une direction différente. Le filet se tend, commençant à enfoncer le bateau sous la surface de l'eau.

Froggo murmure quelque chose à l'oreille du bison. Le chef acquiesce, puis s'adresse de nouveau à Gretsch :

– Donne-nous le mot de passe qui ouvre les portes de toutes tes usines, qu'on puisse libérer tes esclaves et tes prisonniers !

– Jamais, hurle Gretsch. J'ai combattu des animaux plus forts que toi !

– Attendez, hurle quelqu'un par-dessus le tumulte.

Sur le rivage, Wirral se tourne vers Wilhamina.

– Je reconnais cette voix. C'est Ratsy !

– Traître ! crie Wilhamina.

On aperçoit maintenant Ratsy sur le pont.

– Attendez ! crie-t-il à nouveau. Le mot de passe, c'est…

Wackford fait irruption et poursuit le petit rat.

– « INCARCÉRÉ » ! C'est « INCARCÉRÉ » !

Là-dessus Ratsy plonge par-dessus bord, laissant Wackford saisir le vide.

Les animaux de l'île poussent un autre « HOURRA ! ». Les baleines se servent du filet pour tirer le bateau vers la terre, l'échouant sur la plage au sable d'or. Pour fêter la victoire, les animaux lancent leurs chapeaux en l'air. En fait, ils ne lancent pas simplement leurs chapeaux… Ils lancent n'importe quoi… ils se lancent même entre eux ! Rumpus prend le bras de Crassouillou, le petit hippopotame, et le tient en l'air comme un arbitre proclamant le vainqueur d'un match de boxe. Coco le perroquet dessine dans le ciel des loopings de victoire.

– Pas mal pour une première bataille, dit Froggo au bison au moment où ils atterrissent.

– J'espère bien que ce sera la dernière, Froggo, dit le chef.

– En fait, c'est Froggy, dit Froggo, qui s'interrompt soudain, fait son sourire de grenouille, puis éclate d'un grand rire. Non, c'est toi qui avais raison !

Le Chef Bison, pendant ce temps, est en train de patauger. Il sort de l'eau un Ratsy très ébouriffé et très abattu.

Wirral et Wilhamina se précipitent vers le jeune rat.

– Tu étais du côté de Gretsch depuis le début ? demande Wirral. Tu nous as piégés en nous faisant entrer dans son appartement pour qu'elle nous fasse prisonniers ?

– Non, gémit Ratsy. Je voulais juste frimer avec vous, c'est

tout… Mais Wackford a tout découvert.

– Alors pourquoi il ne t'a pas enfermé avec les autres ? demande Wilhamina.

– Parce que Gretsch pensait que je pourrais lui être utile. Je vous connaissais, et vous connaissiez Animalia. J'étais obligé de faire ce qu'ils me disaient, les copains… J'étais obligé. Je ne suis pas aussi fort… aussi courageux que vous deux.

– Et il a trouvé le mot de passe, fait remarquer Froggo, qui s'approche derrière eux.

– Je suis vraiment désolé, dit Ratsy. Est-ce que vous pourrez me pardonner ?

Wilhamina pose un manteau sur ses épaules tremblantes.

– Je te pardonne, dit-elle.

– Moi aussi, dit Wirral. Après tout, tu m'as sauvé la vie.

– Moi ?

Wirral acquiesce.

– La voiture, tu te rappelles ? Quand je suis arrivé à Megatropolis, tu m'as écarté de la route de la voiture.

C'est maintenant au tour de Ratsy de sourire.

– C'est vrai ! J'ai fait ça !

– Et si eux peuvent te pardonner, Ratsy, on peut le faire aussi ! mugit le Chef Bison. Mais pour ces deux-là, c'est une autre histoire !

Il fonce sur la plage vers Wackford et Gretsch, qui sont

maintenant ficelés ensemble, dos à dos, avec des lianes couvertes de feuilles.

– Il va falloir qu'on réfléchisse à une punition appropriée.

Sans ses chaussures à talons hauts ni sa perruque, et avec ses beaux habits tout mouillés qui pendouillent, Gretsch paraît tout sauf menaçante.

Et Wackford ? Sans son fouet, il ressemble à un rat vaincu et beaucoup trop gras. Tandis que les animaux démolissent la barricade, et se préparent à la plus grande célébration de toute l'histoire de l'île, Wirral, Wilhamina et Ratsy montent à bord du navire échoué, avec l'aide de Jeffrey, leur ami girafe, qui les laisse utiliser son cou comme passerelle.

– Montre-nous comment appeler par radio le poste de garde de la grande usine, demande Wirral à Ratsy.

– Pourquoi ?

– Tu verras, dit Wilhamina.

Content de pouvoir enfin les aider, Ratsy les conduit sur le pont et appuie sur plusieurs boutons.

– Il faut parler là-dedans, leur dit-il.

Wilhamina prend l'émetteur radio.

– Ici Wilhamina, pour Alfredo. Je répète: Wilhamina, pour Alfredo… Tu me reçois, Alfredo ?

Quelques instants plus tard, une toute petite voix grésille sur les ondes : « ICI ALFREDO, JE TE REÇOIS CINQ SUR CINQ. »

– Nous avons le mot de passe, dit Wilhamina. C'est « INCARCÉRÉ » !

On entend des cliquètements tandis qu'Alfredo, la puce, sautille sur la touche de chaque lettre : I-N-C-A-R-C-É-R-É. Puis il saute sur « Entrée ». Puis ? Silence, juste interrompu par les grésillements de la radio.

Enfin, Alfredo finit par parler :

– ÇA A MARCHÉ ! Il pousse des cris de joie. JE PEUX OUVRIR TOUTES LES PORTES !

– Alors vas-y, hurle Wirral.

Wilhamina, Ratsy et lui se donnent une belle accolade.

– Super travail d'équipe, dit Froggo depuis l'autre côté d'un hublot. Montez à bord, mes amis à fourrure. Il y a encore à faire.

***

Seulement quelques jours ont passé, mais, pendant ce temps, toute une flottille de bateaux a été rassemblée sur les docks de Megatropolis. Chacun est bourré à craquer d'animaux libérés. Un bateau à rames est plein de petits lapins malpropres, un canot contient à l'arrière un jeune éléphant, et à l'avant un renard. Un vieux cargo est rempli de tant d'animaux différents qu'on dirait une nouvelle arche de Noé – et ce ne sont que trois embarcations parmi des centaines. Les plus petites sont attachées aux plus grosses, celles qui ont des moteurs tireront celles qui n'en ont pas. Depuis la montgolfière, Froggo, Wirral et Wilhamina regardent la scène incroyable qui se déroule en dessous d'eux.

Queue-de-Sucre

– Regarde, voilà Gladys ! dit Wilhamina.

Et c'est vrai : tout au loin, c'est Gladys le crocodile sans dents, qui a remonté à la nage un tuyau d'écoulement jusque dans la baie, et porte sur son dos un groupe de rats d'égout ravis. Ils chantent tous des airs d'opéra. Gladys est la soliste, bien sûr, et les rats font les chœurs.

– Et voilà Oscar ! dit Wirral.

Quelques instants plus tard, le hibou se pose sur le bord de la nacelle. Il les regarde de ses yeux vitreux.

– Pour moi, le départ est un peu tôt, bâille-t-il. Je veux juste vous dire que les animaux de la Forêt sont tous là, et prêts à partir. On a appelé notre bateau *Queue-de-Sucre*, en l'honneur de ta maman, Wirral.

Ses grands yeux papillotent, et il s'éclaircit la gorge.

– Mais je ne comprends pas pourquoi on ne pouvait pas partir de nuit…

– Alors, allons-y, dit Froggo. En route pour Animalia !

hurle-t-il. A ce signal, Wirral et Wilhamina envoient des fusées qui font comme des feux d'artifice géants. Ratsy, avec une casquette d'amiral, leur fait signe depuis le bateau de tête. Les moteurs se mettent en marche. On entend des coups de sifflet. On entend des sirènes. En route pour une vie nouvelle !

***

L'excitation de ce jour-là n'a d'égale que l'excitation du jour où cette flotte de fortune finit par atteindre l'île. C'est le moment de l'arrivée à Animalia ! Chaque animal est

accueilli individuellement. Les forts et les grands aident les petits et les faibles à descendre des embarcations. Une fois qu'ils sont tous à terre, la cérémonie commence. Le Chef Bison fait un discours, interrompu de temps en temps par les acclamations des habitants de l'île, les anciens comme les nouveaux. Puis il est temps de faire la

fête. C'est le moment du plus grand hourra tropical de toute l'histoire de l'île. Tout le monde est content.

Tout le monde, sauf Wackford qui a maintenant un uniforme de serveur (deux fois trop petit pour lui) et qui porte de lourds plateaux de nourriture aux animaux qu'il terrorisait autrefois avec son fouet. Et sauf la très chauve Gretsch, qui a été nommée baby-sitter officielle de la soirée.

Crassouillou, le bébé hippopotame, lui tourne autour, feignant de donner des coups droits avec son gant de boxe, tandis qu'une jeune autruche et ses amies s'occupent à la recouvrir de crème renversée. Pourquoi ? Parce que c'est marrant !

L'orchestre se met à jouer et, d'une seule voix, les animaux reprennent l'hymne d'Animalia : « TOUS ENSEMBLE ! »

Wirral se tourne vers Wilhamina.

– Si seulement maman était là ! C'est grâce à elle et à ses histoires que nous sommes ici.

– Elle est là, dit Wilhamina.

Et alors, sur le bleu du ciel de la nuit, apparaît ce qui ressemble à un écureuil à la queue touffue, légère et blanche. Comme du sucre.

FIN

du commencement.

« On peut juger du caractère de quelqu'un
à la façon dont il traite les animaux. »

L'intérêt que PAUL MCCARTNEY a toujours porté aux histoires pour enfants provient de sa passion pour les classiques de Walt Disney. Il a créé un grand nombre de films d'animation, en collaboration avec Geoff Dunbar. Parmi ces films, *Rupert and the Frog Song*, qui a remporté un BAFTA du meilleur court métrage d'animation, et a été la vidéo la plus vendue de l'année. Ses travaux d'animation les plus récents comprennent *Daumier's Law*, qui a remporté un BAFTA du meilleur court métrage d'animation, *Tropic Island Hum* et *Tuesday*.

GEOFF DUNBAR est l'un des réalisateurs de films d'animation les plus célèbres du monde. Parmi ses nombreuses récompenses pour le cinéma et la télévision, Geoff a reçu deux BAFTA, une Palme d'Or à Cannes, un Ours d'Or à Berlin, une Grand Prix à Ottawa et La Spiga d'Ore à Valladolid. Geoff vit près d'Oxford, avec son épouse, Jan, et leurs cinq jeunes enfants.

PHILIP ARDAGH a écrit plus de soixante livres pour enfants et il est connu principalement pour sa trilogie *Eddie Dickens*, traduite en vingt-cinq langues.

Achevé d'imprimer en août 2005
N° d'édition : 13932 – N° d'imprimeur : 052416
Dépôt légal : août 2005
Imprimé en Belgique par Proost

Snooze
Page 3
CRAWL DOWN CUSTOMER
pencils for page 4